어제 오늘 그리고 인생 연장전

오늘의문학 시인선 527

어제 오늘 그리고 인생 연장전

조성보 시집

오늘의문학사

| 시인의 말 |

20007년 인생 후반전의
늪에 빠져
허우적 거리고 있을때
충북 영동군으로 귀촌을
선택 하였습니다

문학의 목마름
인생 항아리에
가득채워질 무렵
영동군 노인 복지관 문학반에서
문학의 꿈을 키워가고

손에는 펜과 농기구
얼굴에는 미소가
머리에는 좋은 생각이
가득한 시골살이
황금빛 여정

한번 더 생각하고
한번 덜 생각하면서
이곳 저곳으로
굴러다니다가
시어가 떠오르면

핸드폰에 저금해 두지
가끔 그걸 꺼내
이 세상에 단 하나뿐인
시를 완성 하였고

완성된 시들을 꺼내
인생 연장전에서 한권의
시집으로 완성 하였습니다

도움을 주신 모든 분들께
감사 드립니다

        2022년 봄 물한계곡 은하수펜션에서

| 추천사 |

귀거래歸去來를 통한 삶의 시각과 정서
― 조성보 1시집 발간을 축하하며

문학평론가 리 헌 석
(충청예술문화협회 회장)

1.

도연명(陶淵明)의 귀거래사(歸去來辭) 말미(末尾)에 보면 〈懷良辰以孤往(회량신이고왕 : 좋은 시절을 생각해 두고), 或植杖而耘耔(혹식장이운자 : 혹은 지팡이를 세워 놓고 김매며), 登東皐以舒嘯(등동고이서소 : 동쪽 언덕에 올라 시를 읊고), 臨淸流而賦詩(림청류이부시 : 맑은 물에 이르러 시를 지으리라.〉는 소회를 밝힙니다.

그러나 도연명의 자연사랑은 '가진 자'의 낭만입니다. 그 당시 전원에 저택이 있었고, 하인들이 시중들어 모시는 사람이었습니다. 그러나 우리 시대를 살아가는 시인들의 '귀거래'는 대부분 '가진 자'의 낭만과 거리가 멀어도 한참 멉니다. 도연명처럼 하인들이 받들어 모시는 것이 아니라, 직접 수고하고 땀 흘리는 삶을 살아내고 있습니다.

조성보 시인도 크게 다르지 않았을 터입니다. 장교로서 국토방위를 마치고, 충청북도 영동군에 귀농(歸農)한 분이기에 현실의 간난신고(艱難辛苦)가 컸을 터입니다. 귀농하여 정착할 무렵 시인은 영동군 귀농인들 모임의 회장을 맡아 봉사할 정도로 적극적이었습니다. 그리하여 그의 작품에는 귀농인으로서의 시각과 정서가 오롯하게 들어 있습니다.

> 언제나 행복을 만드는 시간들
> 자연과 함께 동행하는 사이
> 마음 튼튼 몸도 튼튼해집니다.
>
> 농촌의 삶 하나하나마다
> 미소를 남기기도 하고
> 행복을 그려 넣기도 하고
> 사랑을 찍어 놓기도 하고
> 눈물을 적셔 놓기도 하면서
> 농촌의 가슴에 따스한 추억을 만듭니다.
> ―「귀농」일부

그는 귀농한 후 스스로 이루어가는 기쁨과 행복을 노래합니다. 많은 사람들이 "할 일 없으면 농사나 짓겠다."고 말하는데, 이러한 시각을 강력하게 부정합니다. 〈몸이 허락할 때까지／ 성장과 배움이 필요한 농촌〉임을 강조합니다. 남보다 일찍 일어나 부지런해야 함을 강조합니다. 그렇게 함으로써 감자알이 주렁주렁 따라 나올 때, 수확의 기쁨을 맛본다고 말합니다. 자연에서 건강을 지킬 수 있다고 자부합니다. 때로는 고요와 평화를 체험할 수 있다고 고백합니다.

귀농하게 되면, 수많은 시행착오를 견디고 힘겹게 노력해야 성공할 수 있음을 밝힙니다. 자신의 근면과 성실도 중요하지만, 사람의 힘으로 이겨낼 수 없는 자연 현상에도 좌절하지 말라고 권면(勸勉)하며, 귀농의 현실 체험과 정서를 작품에 담습니다.

2.
귀농인을 비롯하여, 농민을 힘들게 하는 요인은 자연재해(自然災害)일 터입니다. 농사철에 큰 비를 내리는 태풍, 비가 오지 않아 땅이 거북등처럼 갈라지는 가뭄, 그리고 유해조수(有害鳥獸)와 병충해 등이 사람들의 마음을 아프게 할 터입니다.

작품 「태풍 마이삭」에서는 '태풍이 몰아치는 날'의 정경을 이렇게 표현하고 있습니다. 〈어제 저녁부터 하늘이/ 엉, 엉, 서글프게 울고 있다.〉 그 울음이 언제쯤 그치려나, TV를 켜고 일기예보에 집중하지만, 방송에서는 희망을 주기보다는 자신의 능력으로는 해결하기 어려운 '주의사항'만 주저리주저리 공지합니다. 시인은 어쩔 수 없이 〈하늘 울음소리를 핑계삼아〉 '방콕'하기에 이릅니다. 그러나 무료하게 보내는 것이 아니라, 독서하며 문학의 꿈을 이루기 위해 시창작에 열중합니다.

태풍과 홍수도 무서운 재해이지만, 한발(旱魃, 가뭄 귀신)이라고 불리는 '가뭄' 역시 극복하기 어려운 과제일 터입니다.

파란 하늘 모퉁이에서
고추잠자리가 붉은 펜으로
그림을 그린다.

배고픔 뒤에 숨은 고통
보석 같은 알알이 영그는 곳에
갈라진 거북등이 보인다.

갈증에 지친 매미
마른 나무 가지에 매달려
울음소리로 목을 축인다.

지쳐 흐르는 개울물
채소들의 아우성 소리 외면하고

언제쯤 밭둑에
비옷 입은 하얀 망초 꽃이
작은 미소를 만들까.
　　　　　―「가뭄」 전문

　5연으로 된 이 작품은 기승전결(起承轉結) 4단 구성으로 짜여 있습니다. 1연은 '기(起)'에 해당하는 부분입니다. 묘사적 심상이 절묘하게 표현되었습니다. 농촌의 가뭄을 경험한 독자들은 '붉은 펜'으로 그린 '그림'에서 그 실상을 유추할 수 있을 터입니다.
　이어, 2연과 3연으로 구성된 승(承)에서는 〈배고픔 뒤에 숨은 고통/ 보석 같은 알알>을 영글게 하는 농지(農地)가 '거북등'처럼 갈라져 있다는 것, 매미도 마른나무 가지에 매달려 울음소리로 목을 축인다는 표현은 농촌의 심각한 현실을 형상화하고 있습니다. 또한 2행으로 구성된 4연의 전(轉)에서는 <지쳐 흐르는 개울물/ 채소들의 아우성>이 들리는 가운데, 5연의 결(結)에서 <비 옷 입은 하얀 망초꽃>의 미소를 기대합니다.

이런 시심이 여러 작품에 투영되어 농촌 제재의 시를 문학성 높은 작품으로 살려냅니다. 특히 마지막행의 '작은 미소' 이미지는 태풍과 가뭄을 극복한 시인 내면의 보조관념으로 작용합니다. 이는 긍정의 아이콘(icon)으로 인식하게 되는데, 「은하수 펜션의 봄날」에서 확인할 수 있습니다.

밤하늘 은하수 옆에
봄이 와 누워있다

봄은 산천에 스며들고
가득 머금은 앞마당
뒹굴고 있는 산나물들

햇살 마중하는 날
부풀은 벚꽃
화사하게 화장하고
반가운 손님을 맞는다

바위를 업고 피어난 꽃잔디
요염한 입술에
붉은 립스틱 바르고
나비를 유혹한다.
―「은하수 펜션의 봄날」전문

  시인이 직접 체험한 현실을 반영하였기 때문일까, '주제'보다 '표현'에서 특별한 감동을 발현하는 작품입니다. 조성보 시인이 형상화한 '표현의 멋'은 자연스럽게 감동을 생성합니다. 〈밤하늘 은하수 옆에/ 봄이 와 누워 있다.〉는 활유법, 〈봄은 산천에 스며들〉었다는 표현 등을 통하여 시의 격조를 높입니다. 그 봄을 '가득 머금은 앞마당'에서 '햇살을 마중하는 날'에 벚꽃이 화사하게 핀다는(화장하는) 이미지 생성은 단연 압권(壓卷)입니다.

  이어 〈바위를 업고 피어난 꽃잔디〉의 묘사도 그만의 개성을 나타냅니다. 그 꽃잔디의 요염한 입술이라든가, 그 입술에 붉은 립스틱을 발랐다든가, 그렇게 꾸민 자태로 나비를 유혹한다든가, 이러한 이미지들이 결합하여 작품의 주제인 '봄날'의 문학적 성취를 이룹니다.

3.

  조성보 시인은 충청북도 영동군에 귀촌하여, 농사를 짓고, 펜션을 운영하며, 영동군 재향군인회 회장으로 봉사하며. 시 창작에 전념하는 분입니다. 영동군의 농촌에 정착한 산업역

군이자 국가 안보를 걱정하는 지도자 역할에 충실한 분입니다.

그리하여 충청북도 영동군에 대한 시인의 사랑은 놀라운 바가 있습니다. 작품 「영국사」를 통하여 시인은 천태산을 〈태고의 천연숲〉이라 조감하며, 〈삶 속에서/ 방황하며 지친 영혼을/ 참회로〉 돌아서게 하는 '깨달음'의 명찰(名刹)로 인식하게 합니다. 또한 충북 영동에는 민주지산이 있고, 그 산의 절경을 이루는 '물한계곡'이 있습니다. 이 계곡이 시인에게는 〈굽이굽이 세월 건너 흐르는/ 심산유곡의 맑은 물〉이라 수용하며, 시인과 자연이 합일하는 물아일체(物我一體)의 경지를 발현합니다.

'영동역'은 교통의 중심이어서 사람과 산업과 예술이 만나는 자리입니다. 사람만 오가는 것이 아니라, 시화(詩畵)를 전시하거나, 시낭송회를 개최할 수 있는 '만남의 광장'으로도 기능합니다.

　　기차에서 내리는 순간
　　낯설지 않는 첫 느낌
　　지하 터널 길을 지나면
　　시화 판이 반긴다

　　포도향기 그윽한 역
　　기다림 뒤에 반가움이 넘쳐나고
　　오가는 사람들 사이에
　　추억이 흐른다.

어디선가 들려오는
색소폰 소리에 귀 기울이니
시낭송 소리가 들려온다

흩날리는 예술의 향기가
멈추는 영동역
　　　　　—「영동역」 전문

  조성보 시인은 생활의 여로 요소들에서 미적 감동을 생성합니다. 이 역할에 집중하면서 향토의 자연과 산업에 대한 관심, 사람과 사람에 대한 그리움을 조감(照鑑)합니다. 그리하여 시인의 작품에서는 자연과 인간에 대한 웅숭깊은 사랑이 우러나고 있습니다.

  조성보 시인의 시집에 수록된 작품들에서 천심(天心)과도 같은 농심(農心)과 시심(詩心)을 공유한 바 있습니다. 앞으로도 시인은 자신의 내면에 충만한 지성과 감성을 통해 이들의 미적 조화를 이루어낼 것입니다. 때로는 가슴이 먹먹할 정도로, 새로운 감동을 생성하리라 확신합니다. 이런 믿음으로 조성보 시인의 첫 시집 발간을 진심으로 축하합니다.

차례

시인의 말 ·· 004
추 천 사 ·· 006

제1부 물한리 마을

영국사 ·· 020
영동역 ·· 021
물한리 마을 ·· 022
물한계곡 ·· 024
물한2리 마을 사람들 ·································· 025
귀농 ·· 026
삼도봉 ·· 028
텃밭 놀이 ·· 029
고춧대 ·· 030
한가위에는 ·· 031
은하수 팬션의 봄날 ···································· 032
불청객 ·· 033
시래기 밥 ·· 034

제2부 비가 내리다

새해 첫날 ················ 036
봄 꽃 ···················· 037
봄 비 ···················· 038
봄날 ····················· 039
봄이 오는 길목 ·········· 040
3월 ······················ 041
4월의 유혹 ·············· 042
행복한 봄날 ············· 043
5월의 숲 ················ 044
아카시아 꽃 ············· 045
괘씸한 봄 ··············· 046
목련꽃 피면 ············· 048
가뭄 ····················· 049
비가 내리다 ············· 050
태풍 마이삭 ············· 051

장마비와 농부	052
소나기	054
가을 연서	055
가을 공연	056
가랑비	057
입추	058
가을로 다가서는 입추	059
가을	060
가을이 온다	061
가을 이별	062
가을비	063
가을이 가네	064
10월 마지막 날	065
첫눈 내리는 날	066
12월 첫날	067
겨울비	068
함박눈	069
늦둥이 겨울	070
그대 향기	071

제3부 가고 싶은 길

애국자 집안 ········· 074
그리움 ········· 076
별님 ········· 077
부메랑 사랑 ········· 078
부부의 날 ········· 080
소금 ········· 082
짝사랑 ········· 083
텃밭 ········· 084
가고 싶은 길 ········· 085
고사리 ········· 086
과일 나무 ········· 087
그리움 ········· 088
그래서 사랑이다 ········· 089
나눔 ········· 090
동행 ········· 092
밴드 친구 ········· 094
신용카드 ········· 096
꿈나라 ········· 098
사랑하는 마음 ········· 099
노을 ········· 100
나그네 ········· 101

들꽃 · 102

해바라기 꽃 · 103

아침 · 104

추억 · 105

햇님 · 106

하늘 · 107

등목 · 108

호박꽃 · 109

코스모스 · 110

로타리 · 111

느긋한 오후 · 112

안부의 여백 · 113

어느 하루 · 114

세월 이야기 · 116

하루 하루 · 117

마음 꽃 · 118

보훈의 달 · 119

연민 · 120

삶 · 121

달력 한 장 · 122

샛문과 비상문 · 123

안동 고향 묵집 · 124

세월은 간다 · 126

인생살이 · 127

제1부
물한리 마을

영국사

펼쳐있는 태고의 천연 숲
맑은 계곡물에
얼굴 비추어 나를 돌아보고
노란유혹에 이끌려 다시 찾아가다.

삶속에서
방황하여 지친 영혼
참회로 돌아와 내려놓고

깨달음의
보리수나무
염주를 만들어 기도와 수행하다.

속세에 찌든
무거운 업보
대웅전 부처님의
자비로운 미소가 있는
천년고찰 천태산 영국사

영동역

기차에서 내리는 순간
낯설지 않는 첫 느낌
지하 터널 길을 지나면
시화 판이 반긴다

포도향기 그윽한 역
기다림 뒤에 반가움이 넘쳐나고
오가는 사람들 사이에
추억이 흐른다.

어디선가 들려오는
색소폰 소리에 귀 기울이니
시낭송 소리가 들려온다

흩날리는 예술의 향기가
멈추는 영동역

물한리 마을

산 아래 물이 있고
물 위에 계곡이 눕고
마을은 하늘에 눕는다

먹구름이 춤추면
사라지는 삼도봉
바람이 울면
사라지는 호두와 감

우리 마을에선
그 대도 별이 되어
꽃으로 핀다

만날 수 없는 그리움이
너를 부르면
삼도봉은 대답한다
이별한 사랑도 그리우면
민주지산이 품어준다

석기봉에 부딪쳐
돌아오는 메아리
하루에 한 번
귓가를 맴돌면
가슴 울리는 물한리 마을

물한계곡

태초의 솟구침이
바위의 살갗을 간질이는 곳

굽이굽이 세월 건너 흐르는
심산유곡의 맑은 물

일렁이는 물길의 유혹에 끌려
발길 옮겨놓으면

무더위 속에서도
심장을 멈추게 하는 시린 물

물길 거슬러 오르니
다슬기 잡고 가재 잡던

유년의 기억을 돌려놓는 곳
산과 물이 마주잡은 물한계곡

그곳에
우직한 내가 둥지를 틀고 산다

물한2리 마을 사람들

민주지산 계절의 변화도 바라보고
물한계곡 흐르는
물 얘기에 귀 기울이고

삼도봉 사연도 새겨 듣고
너그럽게 오목조목
함께 살아가는 사람들

한번 덜 생각하면
더 잘 들리고
한 번 더 생각하면
더 잘 보이는 것들

우리는 항상
마음을 열어놓고
행복한 웃음으로
사랑 나누며 살아간다

귀농

감자가 주렁주렁 따라 나올 때 기쁨
멋진 풍경에 자연으로 건강을 지킬 수 있는 삶
눈을 뜨면 고요와 평화를 체험합니다

몸이 허락할 때까지
성장과 배움이 필요한 농촌
그 누가 할 일 없으면 농사나 짓는다고 했던가
365일 일할 수 있고 놀 수 있는 삶

도시에서 남에게 추월당하다가
남보다 일찍 일어나 부지런 떠니
남보다 수확 먼저하고 수입 늘고
농촌에서 시원하게 추월 한 번 해봅니다

언제나 행복을 만드는 시간들
자연과 함께 동행하는 사이
마음 튼튼 몸도 튼튼해집니다

농촌의 삶 하나하나마다
미소를 남기기도 하고
행복을 그려 넣기도 하고
사랑을 찍어 놓기도 하고
눈물을 적셔 놓기도 하면서
농촌의 가슴에 따스한 추억을 만듭니다.

삼도봉

세 길에서 서로 만나니
유익한 벗이 셋 있다

이쪽은 경상도
저쪽은 전라도
여쪽은 충청도

삼도를 걸어 다니는
시간은 축지법을
사용하지 않아도 10초면
여행할 수 있는 곳

백두대간의 산줄기
높이 1,177m의 봉우리

삼도봉 중앙에
세마리 용이 힘겹게
여의주를 받쳐들고 있는
화합의 탑이 우뚝 서있다

텃밭 놀이

겨우내 얼었던 텃밭
풀리기 시작하면
나는 텃밭으로 나간다

쇠스랑으로 돌 주워내고
호미로 잡초 제거하며
헌 옷을 벗긴다

하루 종일
해를 등에 업고
새 옷 갈아입힌다.

고춧대

텃밭에서 해묵은 고춧 대
바람과 어울려
춤추고 있는데

겉모양이 앙상하게
남겨진 허수아비
매듭을 풀어가며
뽑혀나가는 인생

서산 너머에
그림자를 두고
오늘의 시간표가
저물어 갈 때

희망과 함께
다시 퇴비 주며 가꾼 텃밭엔
푸른 생명이 자라난다.

한가위에는

추석이 오면 자식들은
선물 보따리 이야기보따리
한 아름씩 안고 온다

가족들은 행복한
마음으로 반가운
상봉이 이루어지고

웃음소리와 함께
송편을 빚어 차례를
준비하느라 시끌벅적
집안은 고소한 냄새로 가득 찬다

밤이 오고
앞산에 커다란
둥근 달 둥실 올라오면
별들도 다가와
반짝거리며 눈을 뜬다

우리 가족들의 얼굴에
환한 미소가 달보다 밝다

은하수 팬션의 봄날

밤하늘 은하수 옆에
봄이 와 누워있다

봄은 산천에 스며들고
가득 머금은 앞마당
뒹굴고 있는 산나물들

햇살 마중하는 날
부풀은 벚꽃
화사하게 화장하고
반가운 손님을 맞는다

바위를 업고 피어난 꽃잔디
요염한 입술에
붉은 립스틱 바르고
나비를 유혹한다.

불청객

삶의 키를 누르니
시동이 걸려
멈추지 않고 달려왔지만
아쉬움만 짙어지고
빠르게 왔다

슬픈 일 교차로는 피하고
불행은 휴게소
쓰레기통에 버리고
행복만 달고 달려왔다

행복 꽁무니에 몰래
껌딱지처럼 붙어
따라온 코로나19 바이러스

인적을 뚝 끊어놓은
관광지 물한리 마을의
불청객이다

시래기 밥

각호골 텃밭
햇살에 푸르던 청춘
더벅 머리 춤추고

세월따라 부는 바람
넉가래의 서린 추억속에
수분 빠진 근육살 보인다

달빛 속 워낭소리
가마솥에 화합하니
시래기 끓이는 내음
콧속에서 요동친다

농촌 굴뚝 연기 오르고
황혼이 아낌없이
던져준 너의 흔적
양념장과 어울려
흐느적된 육신 시래기 밥

밥상의 우두머리
미각 돋고 웃음꽃 피운다

제2부 비가 내리다

새해 첫날

용광로에서 갓 태어난
붉고 둥근 쇠덩어리
바다에서 목욕하고
당차게 솟아오른다.

눈에 한 번 담고
마음으로 담아가는 태양
2021년 첫해가 꿈틀거린다

두손 모아 기도하면서
성공 합격 재물 달라고
매달려본다

모든 소원들이
천둥처럼 울려퍼져서
이루워지길 기원드린다

봄 꽃

새벽에 걸쳐 입은
겨울 옷 속으로
향기가 젖어온다

봄꽃의 향연과 유혹
자연이 살아 있음을
느끼게 한다

과일 꽃도 봄꽃의
대열에 합류하면
봄의 절정을 알려준다

봄꽃 필 시기
한해 농사를 설계하고
씨 뿌리고 어린 묘 심어서
수확의 긴 여정에 들어가고

자연이 주는 선물
꽃피는 봄
봄이 주는 축복 누리고 산다

봄비

잿빛 구름 부서져
뿌려지는 빗방울
언 땅을 녹이고

자연은 흙 속에서
파란 새싹을 만든다

호미 챙겨들고
봄맞이 간 농부는
촉촉한 봄 냄새를
콧속에 담는다

봄비는 그렇게
요술 상자 속에서
만물이 소생하는
보약을 꺼내 놓는다

봄날

다시 찾아온 봄
밤하늘 은하수 옆에
봄이 와 누워있다

봄은 산천에 스며들고
봄기운 가득 머금은 놀이터
딩굴며 놀고있는 산나물들

햇살 마중하는 날
팝콘처럼 부풀은 벚꽃
화려한 외출 하면

바위를 업고 피어난 꽃잔디
요염한 입술에
붉은 립스틱 바르고
나비를 유혹한다

봄이 오는 길목

꽃샘바람은 지나가고
시런 바람에 움츠리는
붉은 꽃망울
생동하며 기지개 편다

봄 햇살 따라
파란 화선지 위에 그려놓는 수선화
복수초는 누워있고
돌아오는 산 손님
발걸음이 가볍다

개울 아래로 봄기운이 돌아와
얼음을 녹이면
서로 화합하고 노래하며
행복한 마음속에서
생기 넘치는 농촌 마을
봄기운이 솟아오른다

3월

개나리, 유혹의 바람기에
3월이 놀아난다

냉이의 짙은 화장품 냄새
머위의 화장발
봄나물 무단가출

봄 햇살의
깊은 배려심 속에
봄의 여심을 뒤흔든다.

4월의 유혹

어제부터 오늘까지
주적주적 비가 내린다

활짝 웃던 꽃들
시원하게 양분을
흠뻑 먹었으리라

노랑 보라 흰색 꽃
새 푸른 옷 갈아입고
진달래 꽃 속에서
환하게 웃는 모습

들엔 달래와 머위
쑥, 돌나물이 주먹으로
인사 나누며 서로 손짓하네

촉촉한 대지 위에
봄 처녀가 돌아왔다

행복한 봄날

꽃은 피고 지면서
세월은 쉼 없이
봄의 끝자락을
지나가고 있네요

봄 햇살이 비추는
어느 곳을 바라보아도
아름다움이 있는 산야

코로나로 힘든 나날이지만
길고 어두운 터널 끝에
밝은 햇살이 보이면

길을 찾는 사람이 있듯이
좋아질 거라고
희망을 가져본다

5월의 숲

푸르름 가득한 숲
높게 기지개 펴고

소쩍새 우는 산 메아리
어울리는 민주지산 물한계곡

낙엽송 사이로
떨어지는 햇빛 화살
떡갈나무 잎에 앉는다.

잎은 아픔을 달래려고
바람 따라 흔들린다

숲속 어디선가
꾀꼬리
목청 높여 노래 부른다

아카시아 꽃

향기가 뺨을 스치고 간
초록이 우거진 숲에
거북선 갑옷 입고
태어난 나무

골짜기에 메워진
아카시아 꽃을 안고
잉잉대는 꿀벌 날갯짓
텅빈 통에 꿀을 가득 채운다

아카시아 꽃 튀김
해주시던 어머니 생각
향기로움으로 배를 채우고

가위 바위 보 하면서
잎을 하나씩 떼어내는
유년의 장난감

가슴 깊이 묻혔던
옛 추억을 꺼내본다

괘씸한 봄

겨울 핑계 삼아
구들장에 몸 붙이고
남보다 긴 5개월짜리
겨울을 보냈다

내가 꼭 묶어놓았던
겨울은 보이지 않고
나한테 연락도 없이
봄이 찾아와 난리가 아니다

표고버섯이 머리통을 내밀고
생강화가 앞 다투어 활짝피고
목련은 개다리 춤추고
땅바닥을 비집고 송곳처럼 새싹이
머리를 내밀고 올라온다

봄이 내 허락 없이
겨울을 뭉개고
내 밥상에 들어와 앉았다

천하에 괘씸한 봄
내가 몸부림 쳐봐도 별 수 없다
밭에 가서
잊지않고 찾아온 봄과
이야기나 나누어야겠다.

목련꽃 피면

겨울을 밀어 보내고 온 사월
봄 햇살이 내려앉으면
탐스런 꽃망울

살며시 들려오는
휘파람 소리
나뭇가지 춤사위에
펄럭이는 치맛자락

기다림에 지친 꽃잎
가지 끝에서 손을 놓고
땅위에 내려앉는다

파란 옷 갈아입은 봄
소식 없이 문을 여는데
계절 뒤에 숨어버린
님이시여 빛나는 계절에
얼굴 볼 수 있을까 기다립니다

가뭄

파란 하늘 모퉁이에서
고추잠자리가 붉은 펜으로
그림을 그린다.

배고픔 뒤에 숨은 고통
보석 같은 알알이 영그는 곳에
갈라진 거북등이 보인다.

갈증에 지친 매미
마른 나무 가지에 매달려
울음소리로 목을 축인다.

지쳐 흐르는 개울물
채소들의 아우성 소리 외면하고

언제쯤 밭둑에
비옷 입은 하얀 망초 꽃이
작은 미소를 만들까

비가 내리다

마른 마당에 먼지 날리고
푸른 잎새가
바람의 심술에 요동친다.

찢겨진 구름 뒤에 숨어
침묵하는 햇살이
숨을 고른다.

나른한 오후
시상에 잠겨 목마름에
갈증을 적시고

앙상한 나무에
촉촉이 적셔지는 영양 주사에
어깨 춤 들썩인다.

삶의 길 휘돌아
그 곳에 고운 마음의 흙을
두툼히 쌓아두자.

태풍 마이삭

어제 저녁부터 하늘이
엉, 엉, 서글프게 울고 있다.

언제 울음이 그치려나
궁금해서
바보 박스에 귀 기울여본다.

낯익은 얼굴 낭랑한 목소리
희망찬 얘기는 하지 않고
기상 예보, 가시나 뭐하지 마라,
주의하라고만 말한다.

오늘도 코로나19
하늘 울음소리 핑계 삼아
독서와 문학의 꿈 이루기 위해
방콕 여행으로
세월을 낚아 보아야 할 것같다.

장마비와 농부

호통 치는 천둥 번개
먹구름 흔들리고
온 천지 불화살들이 춤춘다

비는 무슨 바쁜 일이 있는지
서서 내려오고
땅바닥에 송곳처럼
솟아올라 흙과 함께
어디론가 흘러가고 있다.

철도와 길은 끊어지고
집과 농경지 하우스는 무너져
쓸어내린 놀란 가슴

과일나무와 채소는
물 안 줘서 좋긴 한데
과일은 맛이 없어지고
채소는 물러서 먹을 수 없어
농부의 한숨만 깊어간다

이 장맛비 그치길
두 손 모아 빌고 기다렸건만
기다린 건 눈물바다뿐이다.

소나기

먹구름이 날아와
검은 하늘 만들고
깊은 숲 번들거리며
쏴쏴 소리에 새들은 날지않는다

우르륵 쾅쾅! 쿵쾅!
천둥은 먹구름 속에서 연주하고
찢어진 하늘에서 쏟아지는 빗물
땅은 퍼붓는 소나기로 몸을 씻는다

소나기는 흙탕물 되어
물한계곡을 덮고
오염된 추억은
처량하게 소나기만 바라본다

웅장한 교향곡이 끝나고
맑은 하늘 보여주니
청결한 계곡물 흘러 보낸다

가을 연서

길 떠날 채비를 한
나목에 매달린
붉은 잎새를 보며
가는 세월이 안타깝기만 합니다

가슴에 담아 놓은
추억이 있는 것도 아닌데
오랜 시간 동안 연락 없이 지낸
친구가 생각나서 꺼내본
휴대폰 속에 친구 이름

번호가 바뀐 것도 모른 무심함
기억을 돌려 봐도 생각나지 않는 것은
가을이
내 나이와 함께 숨었나 봅니다

가을 공연

화려한 옷 입은 가을 낙엽이
무대 위서 울긋불긋
소매 자락 끝에 잎새를
매달고 한이 서린
살풀이 춤을 추며
가을 공연을 서두른다

서둘러
붉은 잎새를 두드리는
가을비가 아픔으로
적셔지는데
아쉬움 많은 가을 남자가
겨울을 막아서고 있다

가랑비

푸른 잎새가
바람의 심술에 요동친다

찢겨진 구름 뒤에 숨어
침묵하는 햇살이
숨을 고른다

나른한 오후
시상에 잠겨 목마름에
갈증을 적시고

앙상한 나무에
촉촉이 적셔지는 영양 주사에
어깨 춤 들썩인다

삶의 길 휘돌아
그 곳에 마음의 흙
두툼히 쌓아두자

입추

시간은 세월을 굴려
가을의 문 입추를 불러다놓았는데
더위는 지칠 줄 모르고

뜨거운 태양 아래
무성해진 실록의 푸르름
한층 더 깊어 가는구나.

가을을 만끽하고 싶어
사랑하는 그대와
분위기 좋은 전원에서
가을을 마중하고 있는데

늘 걸림 없는 바람처럼
가을 맛이 약간씩 감돈다

가을로 다가서는 입추

세월은 흘러
오늘이 입추인데
더위는 점점 지쳐만 가고

따스한 태양의 손길
그리워하며
무성해진 신록의 푸르름
한층 더 깊어만 가네

가을을 맛보고 싶어
가을을 마중하고 있는데

바람의 싱그러운 속삭임
가을 맞이 약간씩
서둘러 나를 포옹한다.

가을

단풍
낭만
추억
가을로 디자인 한다

산중턱에 내려앉은 구름
내 마음의 문 헐겁게 하고
자연은 된서리로 옷 갈아입고
상고대처럼 춤을 춘다

잔잔한 오색 물결치고
떨어진 붉은잎
태어난 흙으로 돌아갈 준비한다

끝자락에 선 뒷모습이
차갑게 느껴지면
이슬이 연잎에서 구르듯

올해도 나의 삶에서
가을은 스쳐지나간다

가을이 온다

빗방울 끝에
가을이 매달려 성큼 다가선다.

창문을 닫고
이불자락을
끌어당기는 밤이면

귀뚜라미 소리에 장단 맞추며
가을이
발자국 소리도 없이 온다

가을 이별

붉은 노을과 함께
떠나보내기 아쉬운가 보다

곡식들이 수확되어
스산해지는 들판
만물들이 동면을 준비하고

불어오는 바람에
잔잔한 오색 물결치고
떨어져 내리는 나뭇잎
태어난 흙 속으로
돌아 갈 준비를 하는가 보다

어쩔 수 없는 이별 뒤에
또 다른 세상
한 걸음만 내디디면
겨울이 성큼 다가오는가 보다

가을비

별님은 술래
햇님은 구름 뒤에 숨었다
햇볕으로 나왔다가
잡혀버린 햇님

천둥이 으르렁거리고
한낮 호랑이 오줌처럼
잠깐 쏟아 붓다가 힘들면 쉬고
다시 쏟아지곤 한다

계속 쏟아진다면
수확할 농산물 피해는
많아지지만

날씨가 변덕에 죽 끓듯
울다 웃다를 반복하며
숨박꼭질 놀이 하니 다행이다

가을이 가네

자연에 함께 색칠했던
벗을 만나 추억 한 움큼 줍고
가을에 가져온 벤치에 앉아
그리움 나누며
세월 이야기를 주워담습니다

낙엽의 푸념 소리
쉼 없이 달려왔던
벗의 인생 열차 소리
바람 타고 허공으로 부서집니다

대답 없는 가을 하늘에
눈물 한 방울 던져주고
현실로 돌아와 보니
가을이 아쉬운 뒷모습만 보여 줍니다

10월 마지막 날

계절이 가는 날이 아쉬워
새롭게 맞는 날이 그리워

뜻모를 이야기만 남긴 채
그 사람은 떠났지만
계절은 흘러 10월의
마지막 날은 또 오겠지

낙엽을 보고
인생을 생각하듯
그 사람 생각하며

10월의 마지막 밤을 부여잡고
푸념이건 아련함이건
추임새 넣어줄 사람과
술 한 잔 기울이며 보내고 싶다

첫눈 내리는 날

구름 뒤에 숨어
요술 보여주는 붉은 해
바람결에
솜사탕이 펑펑 예쁘다

세상 모든 사람에게
첫눈은 기쁨으로
다가서는 하얀 요정이다

첫눈 내리는 날
설레는 마음
붉게 익어가는 심장
오매불망 가슴 조이고

끝없는 그리움이
내 마음에 흐르고 있다

12월 첫날

마지막 낙엽처럼 남은 달력
마무리와 시작의 삶
조화로 멋진 그림이 그려지고

흥청망청한 시간을
보냈던 시절
코로나19 바이러스가
한장 남은 달력에
어떤 그림이 그려질까

인간 관계가 끊어지고
보금 자리 없는 한숨 소리
시장 경제는 암흑 세계
정치는 요지경 속

열한 장은 돌아보고
한 장으로 잘 살아
열두 장 마무리가 되어
완성된 그림 너무 좋다

겨울비

소한의 추위가
찾아온 길목

하얀 솜사탕 대신
하늘에서 차가운
눈물 내린다

눈 녹이는 기쁜 소리
힘들게 눈과 전쟁하지
않아서 좋다

터진 홍시처럼 질벅한 땅
내 마음 녹이는 겨울비
봄 부르는 소리

나도 말하고 싶다
겨울아 물러가거라

함박눈

어둠이 내려앉은 늦은 밤
처마 끝 고드름 꽁꽁 얼어붙어
송곳 같이 날을 세운 밤

하늘 버리고
샤방샤방 날아와 앉은 흰 눈 위에
누군가 다녀간 자리

장독대 위에 정성 가득한
백설기 떡 한 판
내려놓고 갔다

늦둥이 겨울

기지개 펴고 창문 열어 보니
하얀 화선지가 보인다
떠나기 싫은 겨울의 몸부림이 있다

눈 비비고 다시 쳐다보니
한 폭의 동양화
하얀색, 갈색 두 줄 나뭇가지
하얀 화선지 위에 그려진 그림
자연이 던져준 선물이다

장독대 위에 눈 백설기
엉덩이가 무거운지
아주 게으른 계절인지
떠나기 싫은 겨을

심술궂은 늦둥이 흰눈이
봄이 오는 길목을 막아서고
대문을 열어주지 않고 있다

그대 향기

그리움이 있기에
그 사람 향기를 생각하고
정이 있기에
그 사람 건강 생각한다

사랑하는 사람아
너는 내 품속에 아직도
향기가 남아있고

내 가슴에 피어나는
꽃의 향기로움에 취해
허둥거리며 하루하루를 보낸다

제3부 가고 싶은 길

애국자 집안

친 손주 넷, 외 손주 둘하고 반
남들은 부럽다고 한다.
딸도 오빠 따라 가려고 셋째를 가졌다

며느리한테 네째 임신했을 때
교육비, 생활비는 어쩌려고
그러느냐? 물었을 때
그냥 건강하게만 자라면 되지요
말로 대답했을 때 나는 한숨만 나왔다.

그런데 딸이 셋째를 가졌다고 소식 들었을 때
축하해주기는커녕 너도 어쩌려고
그래 라고 물었을 때
오빠는 넷인데 라고 한다.

이거 웃어야하나 울어야 할지
국가적으로는 분명 애국자 집안인데
손주들이 물한리 집에 오면 동네가 시끄럽다.
동네 할머니, 할아버지들께서
요녀석들 많이 컸구나 반겨 주신다.

나는 손주 녀석들이 다녀가면
체력은 바닥나고 내 호주머니 사정도
빈 털털이가 되지만 기분은 좋다.

지금은 손주 일곱 갖게 해주셔서
감사 기도와
셋째 임신한 딸이 순산하고
손주 녀석들 아프지 않고
건강하게 자라주면 좋겠다고
늘 하느님께 기도 드린다.

우리는 분명 애국자 집안이다.
자부심과 함께 살아가고 있다.

그리움

고독이 깊은 밤 달빛 되어
스며드는 밤이면
세월의 흔적을 찾아
추억 속에 잠겨 그대 생각

그대 만나 손잡고 꽃길 걸으며
가자는 데로 걸어보고
아련한 그리움으로 쌓여
알 수 없는 사색에 잠긴다

끈으로 묶여있는 사연
속마음 보여주기 어려워
꽃길에 남모르게 내려놓고

나무 밑 그려진 두 그림자
달콤한 입맞춤 하며
기웃거리는 생각에
입가에 미소 담는다

별님

별빛이 쏟아져 내려
밤길을 밝혀주니
편안한 마음으로
걷고 있다

반딧불이 춤추는
어두운 터널 속
무서움이 다가온다

노래 부르면서 별님과
대화하며 무서움을
달래본다

별빛이 쏟아지는 밤길
무서움이 멀어지고
별님 덕분에 편안한
마음으로 행복한
보금자리로 왔다

부메랑 사랑

오늘도 사랑을 품고
거리의 번잡함을 쓸어내며
주는 것과 주지 않는 것의
구분으로 삶을 영위합니다

사람과 사람에 있어
돈보다는 진실을
거짓보다는 사랑으로
나를 끌어 당겨 봅니다

사랑을 함에 있어
이유가 없고
계산이 없고,
조건이 없는 사랑

남이 버린 사랑
주어다가 바다에 던져버릴까
산에 묻어 버릴까
사랑을 소중히 여길 줄 알고

너 때문에가 아닌 내 탓으로
가슴을 쳐 봅니다

사랑은 주는 만큼 부메랑처럼
돌아옵니다

부부의 날

부부의 연을 맺고
둘이 하나 되고
두 마음이 한마음 되어
알콩달콩 살았지

두 생각이 한 생각 되고
두 개 주머니가 한 개 주머니가 되어
행복하게 살았지

두 사람의 믿음이
행복을 만들 듯이
하나가 되는 믿음의 지향점
당신과 나는 하나입니다

내려놓으면 잃은 것도 없고
내려놓음 없이는 둘이 되고
내려놓음으로
당신과 나는 하나입니다

떨어져 있으면 둘이 되고
함께 기대고 있으면 하나 되어
연리지 나무처럼
행복을 만들어 갑니다

소금

피 흘리는 아픔
뜨겁게 익어가는 고통
짜게 태어난 보석

두려워하지 않고
녹아야하는 여정
사라져야 기쁨으로
흐를 수 있습니다

때때로 우리는
녹아야 한다는 사실을
까맣게 잊고 살아갑니다

소금처럼 녹는 마음
가슴 아리게 아파하며
사랑하는 삶을 살고 있습니다

짝사랑

내 마음속에 있는
사랑이란 두 글자

평소에는 내 마음에
그리움으로 자리잡고
보고 싶다 말도 못하고
훔쳐만 보고있는 마음

당신 앞에 다가 가려는데
그냥 지나가는 바람 같은 사람
기다림에 지친 내 모습

용기 내어 그리움을
사랑으로 변화시켜
전달해 주고 싶다

텃밭

새날 눈 뜨는 아침
굳은 땅 골을 타고 이랑을 짓고
검은 포장 같은 비닐을
씌우고 또 씌운다

허리 펴고 푸른 산 쳐다보니
바람 한 점 스치며
달콤한 내음을 코끝에 내려놓는다

바람은 흙먼지를 묻혀서
얼굴에 부딪히고
거부할 수 없는 일
눈뜨기도 숨쉬기도
땀을 닦기도 힘겹다

한골 한밭자리 이골저골
송곳같이 솟아오르는
새싹 품을 준비가 되어가고

내일을 위한 희망의 자리에
씨앗을 뿌린다

가고 싶은 길

귓가에 파도 소리
바다 냄새 맡으며
내 마음에 숨겨진 비경
낭만으로 물들고
달맞이 고갯길 오고간 시절

붉은 태양
들판에 햇살이 내리고
지친 나에게
큰 나무 밑에 넓은 정자
가는 길 멈추고
잠시 쉬어 가라하네

혼자가면 빨리 갈 수 있고
함께가면 느리고 오래갈 수 있는
보람과 의미가 되는
아름답고 건강한 삶의 길

길 안에 삶이 있고
삶 안에 길이 있는
빛과 소금의 길을
나는 걸어가려고 합니다

고사리

만물이 소생하는 산야
수줍움을 머금고
고개 숙인 산나물

앞서지나간 자리에
방긋방긋 웃으면서
내 눈과 마주치고
숨어버린 고사리

아침에 가서 채취한 그 자리에
저녁에 가도 새롭게 맞이한다

비 온 뒤 이곳저곳에서
오동통 살이 찐 울 고사리
늘 기쁨이 넘치는 손사래
나긋나긋 애교 부린다

맑은 하늘이 손짓하듯
근심 걱정 없는 편안한 세상
살맛나는 저 세상에서
다시 태어나고 싶다

과일 나무

소복 입은 앙상한 나뭇가지
슬픔은 뒤로 감추고
설경과 어울려
아름다움을 보여주고 있다

벌거벗어버린 몸
울퉁불퉁 단단한 근육 위에
꽃눈, 잎눈이 힘겹게
겨울나기를 합니다

힘겹게 겨울나기한
꽃눈, 잎눈 구별없이
이웃과 어울리지 않는
쭉쭉 뻗은 나뭇가지
농부는 아름답게 이발해 준다

아름답게 이발한 과일나무
농부의 마음을 아는지
병들지 않고 튼튼하게 자라서
풍성한 열매를 맺겠다고
약속해 준다

그리움

고독이 달빛 되어
내려앉은 밤이면
세월의 흔적을 찾아
추억 속 그대 생각

그래서 사랑이다

아름다운 행복의 맛
새로운 삶의 행로를 걸으며
변화를 불러일으키는
사랑은 최고의 기쁨입니다

삶에서 가장 소중한 가치
매순간 최선을 다한
사랑은 헌신적입니다

무상으로 얻고
다시 무상으로 돌려주는
사랑은 나눔입니다

받을 줄만 알고
줄 줄을 모르는
사랑은 욕심입니다

시간이 지나고
장소가 바뀌어도
사랑은 변하지 않습니다
그래서 사랑입니다

나눔

많으면 많을수록 배고파지고
나누면 나눌수록 배불러지는
사랑의 신비

베풀수록 커지는 행복
내 마음속 가득 채워
사랑 찾아 떠나는 삶

마음속으로 담는 그릇
방해하는 욕심 피해
나눔 향해 사랑의 길
떠나보냅니다

받는 사람 주는 사람
가슴으로 느껴지는
사랑이 싹트는 유일한 길

길 안에 나눔 있고
나눔 안에 사랑 있는
사랑의 길
오늘도 걸어갑니다

동행

언제나 가슴으로 보듬으며
사랑으로 감싸 안아 주고
소중하게 흘린 눈물만큼 애절한
당신과 나의 삶
우연이 아닌 운명의 동행이었지

쉴 줄도 모르고
오직 앞만 보고 걸어
세월의 발자국만 남기면서
눈물과 웃음을 주는 행로
당신과 나
말없이 걸어온 길

가슴 저리도록 아름다운 마음
슬픔과 행복을 구별할 수 있게 하는 길
당신과 나의 동행은
많은 깨달음을 배울 수 있었고

당신과 나의 삶은
아름다운 추억으로 간직하고
영원히 사랑하는
멈춤 없는 동행이었지

밴드 친구

아침에 일어나 눈을 뜨면
누가 나에게 좋은 글
영상을 보냈을까 궁금하여
휴대폰을 열어본다

코오나19 시기에
밴드 친구가 없다면
얼마나 무료한 시간을
보내고 있을까

이곳에서 만나는 친구는
마스크 안 써도 만날 수 있고
옷도 아무거나
세수와 화장 않해도
만날 수 있다

하루만 보이지 않으면
어디가 아프나, 여행 갔나
걱정도 해본다.

요즈음 같은 세상
밴드 친구가 나에겐
보약 같은 친구이다

신용카드

어린시절에 엄마 심부름으로
동네 구멍가게에 가서
연탄 두 장 가져온 기억이 있다

엄마가 달아 노라네요 하면
주인 할머니 응! 알았다
돈 없어도 거래가 이루어졌다

청년 시절 술집에 가서
파전에 막걸리 마시고
식당 주인에게 돈 없으니까
월급날 줄께요 하고
외상 장부에 기재하면 되었다

지금은 돈 없어도
사고 싶은 것 다 사고
먹고 싶은 것 다 먹고
신용카드 내밀면 해결된다

월급 날 외상값 지불하고
신용 카드 빚 갚으면
다시 빈 털털이로 시작한다

외상 장부와 신용 카드는
짝쿵이지만 좋아하면
호주머니와 예금통장에는
항상 빈 털털이로 생활한다

근검 절약 정신으로
새로운 삶을 행복하게 살아보자

꿈나라

어둠의 바다
별들이 다투어 자리를 잡는다

아무도 오지 않는 나만의 무대
적막한 어둠 속으로
떠나는 꿈속 여행

무수히 스쳐가는 이야기
꿈길은 나를 흔들고
기억은 미래를 향하고

방황하며 지친 내 영혼은
울다 웃다 쓰러지며 나를 찾는다

새벽이 문을 열면 밝아오는 오늘
아무도 말을 걸어오지 않는
꿈길을 걸어온 나는
할 말이 많은 꿈의 크기를 그려본다

사랑하는 마음

창가에 내려앉은 계절은 변하지만
마음속의 계절은 멈춰있다

바람이 나뭇가지를 흔들지만
그대 향한 내 마음은 여산이다

세월의 흔적은
당신 모습을 변하게 하지만

내 마음속 당신은
기억 속에서 잠들지 않는다

노을

해질녘이면 사람들은
붉은 노을을 머리에 이고
이곳 저곳 서성거린다

시원한 바람 속에서
망초꽃들도 노을을
머리에 이고 흔들거린다

와! 저곳 좀 봐
누가
서쪽 하늘에 불을 지르고 있다

와! 이곳도 봐
내 마음
서쪽에도 사랑 불꽃이 붙었다

나그네

산모퉁이를 돌고 돌아
달맞이 고개를 넘으면
술 익는 주막에
나그네 발걸음이 멈추고

나그네는 하룻밤
깊은 고독과 향수에 젖어
잠을 설친다

꿈조차 오히려
체념한 모습으로
바람같이 떠도는
한 평생 걸어다니는 나그네

들꽃

들에 피는 이름 모를
키 가 작고 큰 들꽃
빨강 노랑 흰색 주황
보라색들로 꽃이 피었네

지나가는 사람들만
볼 수 있는 꽃들
마음 순수한 사람은
예쁘다 사랑한다
대화하면서 지나가지만

심술궂은 사람들은
꺾어버리고 발로 차고
고통을 주면서 걸어간다

들에 피는 이름없는
들꽃이지만 사랑 받으면
활짝 핀 꽃 향기내어
우리에게 행복 전령사다

해바라기 꽃

해가 뜨자
해바라기 얼굴 들고
활짝 웃는다

멀리서도 알아볼 수 있게
목을 길게 빼놓고
멀리 지나가는
사람에게도 인사하고

고개 숙이며 반성하는 얼굴
우리 삶은 돌고 돌아
제자리로 돌아가고

해바라기 꽃도
햇님 따라 돌고 돌아
저녁때면 제자리로 온다

아침

어둠은 밝음을 낳고
저녁은 아침을 탄생시키는
반복되는 세월

새롭게 태어난 이슬
목마름에 지친 대지에
물 한 모금 주면
하루가 돌아가지만

해는 가면 부메랑처럼
제 자리에 오지만
지나간 세월은
다시 오지 않는다

추억

기억 속에 담아두지 못하고
잊어버리고 있던
그때 그시절

먼지 쌓인 서재 한구석에서
꺼내온 사진 보면서

입가에는 웃음이
눈가에는 눈물이
글썽거린다.

나는 또 내 마음 한구석에
추억의 씨앗을 떨어트려 놓는다

햇님

햇님과 나는
날마다 숨바꼭질 놀이한다

나는 술래
햇님은 구름 뒤에
숨어서 나를 지켜본다

숨어버린 사랑 찾아
두리번거리는 나
햇님과 함께
행복의 맛을 본다

창밖에 햇살
바람이 살랑 살랑
참 상큼하네

하늘

뭉게구름이 나래를 펴고
춤추고 있다

한줌 움켜쥐고 싶은 만큼
아름다운 하늘

눈을 뗄 수가 없이
아름답다

등목

하늘은 가을인데
날씨는 여름이다

찜통더위 속에서
일하면서 사우나 하니

엎드린 나에게
한나절 말 오줌 같은 소나기

등에 시원한 물 한 바가지
뿌려주는구나

호박꽃

노란 옷 입고 태어난
영혼이 순결한 이쁜 꽃

누가 호박꽃을
꽃도 아니라고 했을까

첫눈에 보기에
너무 사랑스런 꽃이다

코스모스

가을 하늘 아래
길가에 핀 꽃
부러질 듯 가는 몸매를
누구에게나 자랑하며

한번쯤은 하늘 쳐다 보고
꽃은 바람에
흔들리면서 피는가 보다

오가는 길손에게
미소 짓는 모습 아름답고
지나가는 바람은
춤꾼들의 춤추는
모습을 바라본다

아무리 아름다운 꽃길도
시들고 나면 보기 흉하니
출렁이면서 피게 놔둬라

로타리

붉은 눈에 멈추고
푸른 눈 껌뻑이면
바쁜 걸음으로 건너가던
신호등이 자취를 감추고
동그라미로 바뀐 로타리

동그란 화단에
화려한 꽃들이 웃음을 띠고
우뚝 선 장구가
국악의 고장을 상징한다

없어진 신호등 속으로
사라진 교통사고
양보하는 마음이 모여
내 마음도 행복을 맛본다

느긋한 오후

한가한 오후
매미가 들려주는
노래를 들으며

오랜만에
행복에 젖어 본다

저절로 가는
세월이니
가끔은 누리고 싶다

시계 바늘은 예약 없이
돌아가고
행복의 바퀴도 굴러 간다

안부의 여백

그리운 얼굴
생각하며 쏟아담은
설레임 가득 담긴 손 편지
한통의 편지가 되어
우체통 속으로
내가 뛰어 들어간다

그리운 얼굴
생각하며 보낸
문자 메시지로
드문드문 오가는 안부
손전화 속으로
내가 뛰어 들어간다

얼굴 보기 힘든 사이
목소리도 없이
손가락 글씨로
낱말만 교환하는데
우리 안부 전하는 게 맞나요

어느 하루

때때로 가끔
가야금 소리처럼
마음속 울림이 있는 날

딱히 갈 곳도
만날 사람도 없는데
문밖을 향해 발걸음을 옮겨놓는다

한낮에 별을 찾듯
한밤에 구름 찾듯
거리에서 내 마음이 서성댄다

살결을 스쳐가는
바람결에 떨리는 그리움
서로의 정을 주고받고
감싸주며 느끼는 하루

아쉬움도 이내 한 순간
날려 보내고 한껏
웃음과 행복을 느끼며

쌓였던 스트레스를
날려보내고

오늘도 하루 마감하면서
나는 미소 속에 빠져 잠들고 싶다

세월 이야기

젊은 시절 우리는 웃음 뿐이었는데
중년의 얼굴엔
가을 문턱을 넘어선다

가을아!
우리들의 가을아!!
저물어가는 덧없는 세월일지라도
그윽한 향기를 남겨다오

주름진 얼굴일지라도
미소를 잃지 않도록
아름다운 향기로 머물러다오

하루 하루

어둠의 장막을 걷어 내고
붉은 태양이 떠오르면
익숙해지는 시간

다시 두 바퀴의 시간이
나에게 하루가 건네준다

감사한 마음
행복한 마음
즐거운 마음

하루를 시작하면서
살갑게 지내자

마음 꽃

봄이 상큼한
얼굴을 송곳처럼
새싹으로 밀어 올려 꽃을 피우면

꽃은 수줍음 가득 담아
한 철 향기를 내지만

내 마음 속에 있는
그대의 꽃은
영원히 시들지 않고 향기롭다

보훈의 달

모든 것이 저마다 아름답다

깊은 산 걸쳐있는
구름은 다양한 모습으로
오늘에게 선물 주고

잡힐 듯 잡히지 않고
떠돌아다니는
그날의 핏물 뿌리던 영혼들은
들꽃이 되어 우리를 지켜준다

연민

창가에 내려앉은 계절은 변하지만
마음속의 계절은 멈춰있다

바람이 나뭇가지를 흔들지만
그대 향한 내 마음은
여산이다

세월의 흔적은
당신 모습을 변하게 하지만
내 마음속 당신은
옛 모습 그대로 비추고 있다

삶

알몸으로 태어나
알몸으로 돌아가는
우리의 삶

무엇이 진정한
삶인지를 고민하고
사라져가는 소중한
우리의 시간

욕심 때문에
많은 것을 놓치고
삶을 잃어갑니다

쌓아 놓아야 할
재물이 아니라
더 사랑하고 나누는 삶

인생의 진정한 의미는
탐욕을 내려놓는 것이
진정한 삶입니다

달력 한 장

겨울바람이 얼굴을
만지고 지나간다.
대설이 지나고
동지가 다가오니
짧은 해님 산기슭을
비추더니 종종 걸음으로
내 달린다

해가 떠나간
밤은 깊어 가는데
고라니 울음소리는
아주 가깝게 귓가를
타고 흐른다

남은 세월 덧없이
어디로 흘러가고
달력 한 장 뒤에
숨어있는 새로운 달력
벽을 장식하는구나

샛문과 비상문

어렸을 때 시골집에는
대문이 있고 뒤쪽이나
옆 모퉁이에 샛문이 있었다

요즈음 건물에는
사람을 살릴 수 있는
비상문이 있다

샛문은 어른들 몰래
드나들 수 있도록
만들어 놓은
어른들의 배려이고

비상문은 위험해 처 했을때
도망갈 수 있도록 한 건물주 배려이다

샛문과 비상문은
마음의 여유이고
살아가는 아량이다

안동 고향 묵집

상다리가 휘청거릴 정도로
수북히 차려진 음식 보며
환성이 절로 나온다

음식 상머리에서
흐드러지게 굴러가는 웃음소리
술 한 잔 곁들여 먹었더니
입 안 가득 미소가 담긴다

송이 향 가득담긴 버섯 탕은
버섯향이 콧속을 유혹 하며 보글보글
식탁 한가운데 올라앉아
손님들 입맛을 돋우고
그 맛에 취해 흐뭇한 표정

묵밥과 시원한 안동 식혜가
어우러져 마지막을
장식하는 고향묵집

산모처럼 불룩해진 배 쓰다듬고
입가에 행복이 넘쳐흐른다

세월은 간다

간다 간다
오늘도 내일도
세월은 말없이 간다

붙잡아도
고삐를 매어 놓아도
뒤 돌아보지 않고 간다

별 수 없다
나도 세월의 배에
몸을 싣고 따라가야지

인생살이

울어라!
더
울어라!
슬픔을 참으면
독이 된다

그려
웃어라!

눈물 나게
더
떠들썩하게 웃어라

웃으면 건강해지고
복이 터진다
새해를 맞아
웃음으로 열어야겠다

조성보 시집

어제 오늘 그리고 인생 연장전

펴낸날 2022년 03월 23일 초판 1쇄
지은이 조성보
펴낸이 李憲錫
펴낸곳 오늘의문학사
출판등록 제55호(1993년 6월 23일)
주소 대전광역시 동구 대전로867번길 52(한밭오피스텔 401호)
대표전화 (042)624-2980
팩시밀리 (042)628-2983
전자우편 hs2980@hanmail.net
카페 cafe.daum.net/gljang(문학사랑 글짱들)
　　　cafe.daum.net/art-i-ma(월간 충청예술문화)

공급처 한국출판협동조합
주문전화 (02)716-5616
팩시밀리 (02)716-2999

ISBN 979-11-6493-193-4 (03810)

ⓒ조성보 2022

* 잘못 제작된 책은 바꾸어 드립니다.
* 이 책은 ㈜교보문고에서 eBook(전자책)으로 제작하여 판매합니다.